Anselm Grün

Herzlichen Glückwunsch zur goldenen Hochzeit

Anselm Grün

Herzlichen Glückwunsch zur goldenen Hochzeit

Mit Fotografien von Rolf Blesch

HERDER

FREIBURG · BASEL · WIEN

Golden ist die Farbe Gottes
und die Farbe der Liebe.
Gold gibt dem Leben Glanz.

Das Hohelied der Liebe

Die Liebe ist langmütig,
gütig ist die Liebe,
die Liebe ist nicht eifersüchtig,
sie prahlt nicht,
ist nicht aufgeblasen.
Sie handelt nicht taktlos,
sie sucht nicht den eigenen Vorteil,
sie lässt sich nicht erbittern,
sie trägt das Böse nicht nach.
Sie freut sich nicht über das Unrecht,
freut sich vielmehr mit an der Wahrheit.
Alles deckt sie zu,
alles glaubt sie,
alles hofft sie,
alles erträgt sie.

Aus der Bibel
1. Korintherbrief, 13. Kapitel, Verse 4 bis 7

Sie sind nun 50 Jahre miteinander Ihren Weg in Liebe und Treue gegangen. Das ist ein besonderer Anlass, Gott zu danken. 50 ist die Zahl der Abrundung. Gott rundet in uns ab, was in uns oft kantig und rau ist. Sie haben in diesen 50 Jahren auch erfahren, dass unser Leben auch brüchig ist. Wir können für unsere Gesundheit nicht garantieren. Auch im Miteinander geht nicht alles immer rund. Aber Gott rundet in uns ab, was in uns zu zerbrechen droht. Er hält zusammen, was in uns auseinanderstrebt. Seit 50 Jahren tragen Sie Ihre Eheringe. Die Ringe sind Symbol dafür, dass Gott Sie miteinander verbindet und dass Gott alles heilt, was zerbrechlich und brüchig ist. Ich wünsche Ihnen, dass Ihre Eheringe Sie immer wieder daran erinnern, dass Gott Ihnen treu ist und Ihnen so ermöglicht, einander treu zu sein. Mögen Sie in dieser Treue erfahren, dass Gott Ihr Leben abrundet, ganz macht und heil.

Am 50. Tag nach Ostern kam der Heilige Geist an Pfingsten auf die Jünger herab. Der Heilige Geist ist wie eine Quelle, die nie versiegt. Er ist die Quelle der Liebe. Sie haben Ihre Ehe unter den Segen Gottes gestellt, im Vertrauen, dass in Ihnen eine göttliche Quelle der Liebe ist, die nie versiegt, selbst wenn die Gefühle einmal schwächer werden.
Sie haben auf Ihrem gemeinsamen Weg gespürt, dass die Gefühle der Liebe manchmal zwischen den Fingern zu zerrinnen drohen. Aber die Quelle der Liebe, die durch den Heiligen Geist in uns strömt, wird nie vertrocknen. Sie steht uns immer zur Verfügung. Wenn Sie sich an diese innere Quelle erinnern, wird sie in Ihrer Seele aufsteigen und auch Ihre Gefühle durchdringen. Dann wird die göttliche Liebe, die aus dieser inneren Quelle emporströmt, Ihre menschliche Liebe zueinander erfrischen und stärken. So wünsche ich Ihnen, dass Sie die Jahre, die Gott Ihnen noch gemeinsam schenkt, immer aus der göttlichen Quelle der Liebe schöpfen können, in dem Vertrauen, dass diese Liebe nie versiegen wird. Und ich wünsche Ihnen, dass Sie, durch diese Quelle gestärkt, für Ihre Kinder und Enkelkinder, für Ihre Verwandten und Freunde eine Quelle des Segens sein dürfen bis zuletzt.

Der Heilige Geist kam an Pfingsten in Gestalt von Feuerzungen auf die Jünger herab. Das ist ein Bild für die neue Sprache, die uns der Heilige Geist schenkt.
Es ist eine Sprache der Liebe, eine wärmende Sprache, eine Sprache, bei der ein Funken überspringt. Sie haben in Ihrer Zeit des Verliebtseins das Geheimnis dieser Sprache erfahren, die beim anderen zündet, die Liebe im anderen weckt. Im Laufe der Zeit kann unsere Sprache erkalten. Dann strömt sie nicht mehr aus dem Herzen, sondern nur noch aus dem Kopf. Der Heilige Geist erinnert uns daran, dass wir eine wärmende Sprache sprechen. Mit der Sprache bauen wir ein Haus.
Eine kalte Sprache, eine vorwurfsvolle Sprache, wie sie sich manchmal bei uns einschleicht, baut ein Haus, in dem wir uns nicht wohl fühlen. Ich wünsche Ihnen, dass Sie – durch die Glut des Heiligen Geistes gestärkt – immer wieder zu der Sprache des Herzens zurückfinden, die ein Haus baut, in dem Sie sich zu Hause fühlen, geborgen und geliebt.

181

Die Juden haben alle 50 Jahre ihre Felder brachliegen lassen und ihre Sklaven frei gelassen. Das war Gebot Gottes. Die Juden sollten das sogenannte Jubeljahr feiern. Es ist ein schönes Bild für das, was Ihnen jetzt zur goldenen Hochzeit verheißen ist. Sie müssen den Acker Ihrer Seele nicht mehr bearbeiten. Sie dürfen vertrauen, dass in Ihnen genügend Frucht gewachsen ist, dass Ihre Kinder und Enkelkinder, dass Ihre Freunde und Verwandten davon leben können. Die Frucht ist gereift. Sie braucht nicht mehr neu angebaut zu werden. Und alles, was Sie in sich versklavt haben, was Sie in Ihrer eigenen Seele unterdrückt haben, das können Sie frei lassen. Sie dürfen vertrauen, dass alles, was in Ihrem Herzen ist, von Gott angenommen ist. Sie müssen sich nicht mehr beherrschen. Sie dürfen vertrauen, dass Sie im Einklang sind mit Ihrer Natur, mit Ihrem Wesen, mit der Gestalt, die Gott sich von Ihnen gemacht hat. Deshalb wünsche ich Ihnen die Erfahrung innerer Freiheit und Weite, die die Juden im Jubeljahr gemacht haben.

Die Römer brauchten ab dem 50. Lebensjahr keine Kriegsdienste mehr zu leisten. Auch das ist ein schönes Bild für die goldene Hochzeit, die Sie jetzt feiern.
Sie haben in den 50 Jahren Ihres gemeinsamen Weges sicher manche Kämpfe erlebt, Kämpfe nach außen und Kämpfe nach innen. Jetzt brauchen Sie nicht mehr zu kämpfen. Sie können friedlich Ihren Lebensabend verbringen. Wir sprechen vom Feierabend, auf den wir uns nach der Arbeit täglich freuen. Sie erleben jetzt den Feierabend Ihres Lebens. Sie müssen nicht mehr arbeiten. Sie können das Leben feiern. Vielleicht ist Ihnen nicht immer nach Feiern zumute, da gesundheitliche Grenzen sich bemerkbar machen und Sie von großen Feiern eher abhalten. Aber es kann auch eine stille Feier sein. Still für die 50 gemeinsamen Jahre Gott zu danken, das ist die schönste Form der Feier, die man sich vorstellen kann. Ich wünsche Ihnen, dass Sie den Feierabend Ihres Lebens in Ruhe und Dankbarkeit und mit einer stillen inneren Freude feiern und dass Sie sich dabei glücklich fühlen.

Wir sprechen von der „goldenen Hochzeit". Gold ist das kostbarste Material, das wir kennen. Gold hat schon die Menschen der Frühzeit fasziniert. Gold ist die Farbe Gottes. Die Ikonenmaler haben die Heiligen immer auf goldenem Hintergrund gemalt. Etwas vom göttlichen Gold ist in den Heiligen aufgeleuchtet. So dürfen Sie vertrauen, dass auch in Ihnen etwas vom göttlichen Glanz der Liebe aufstrahlt. Es ist ein stiller Glanz, ein Glanz, der das Herz beruhigt. Sie dürfen goldene Hochzeit feiern, weil in Ihrer Liebe die göttliche Liebe durchscheint und Ihrem Leben immer wieder göttlichen Glanz verleiht. Die Weisen des Morgenlandes schenkten dem Kind in der Krippe Gold. Gold gebührt dem König. Wenn Sie 50 Jahre miteinander in Liebe gelebt haben, dann sind Sie königliche Menschen geworden. Die Königin und der König tragen eine goldene Krone. Auch wenn Sie nicht viel äußeren Reichtum besitzen – eine goldene Krone tragen Sie. Es ist die Krone göttlicher Liebe, die Sie schmückt.

Wir sprechen vom „goldenen Oktober." Wenn die milde Herbstsonne auf die bunten Blätter der Buchen und Eichen scheint, dann vergoldet sie die ganze Welt.
50 Jahre gemeinsamen Weges haben Sie milde gemacht. Das Wort „mild" kommt von „mahlen". Alles Harte und Kantige in Ihnen ist durch die Mühle des Lebens und der Liebe gegangen und mild und weich geworden.
So kann die milde Sonne Ihres Herzens auch Ihren Herbst vergolden. Aber mit Ihrem milden Blick können Sie auch die Menschen um sich herum bescheinen und ihnen einen goldenen Glanz verleihen. Gerade die Enkelkinder freuen sich oft auf diesen milden Blick, der ihr Leben vergoldet. Sie fühlen sich in diesem Goldglanz der Großeltern geborgen und wohl. So wie wir gerne in der milden Herbstsonne spazieren gehen, so suchen junge Menschen die milde Sonne alter Menschen, damit ihr Leben davon vergoldet wird. So wünsche ich Ihnen, dass nicht nur Ihr Leben einen goldenen Glanz erhält, sondern dass Sie mit Ihrer Milde auch das Leben der Menschen um sich herum vergolden.

Wenn Sie auf Ihren gemeinsamen Weg zurückschauen, werden Sie feststellen, dass Sie in diesen 50 Jahren nicht immer nur Glück und Freude erlebt haben. Manche Lebensträume sind zerbrochen, manche Wünsche sind nicht in Erfüllung gegangen. Liebe Menschen, mit denen Sie gerne zusammen waren, sind gestorben oder haben Sie durch einen Umzug verlassen. Manches, was Sie in die Hand genommen haben, ist nicht so gelungen, wie Sie es sich vorgestellt haben. All das, was zerbrochen ist, was schiefgegangen ist, muss betrauert werden. Betrauern heißt schmerzlich Abschied nehmen von Illusionen, die wir uns immer wieder auch machen. Aber das Betrauern führt durch den Schmerz hindurch in den Grund der Seele. Und dort, auf dem Grund der Seele, entdecken wir dann neue Möglichkeiten unseres Lebens. Dort finden wir mitten im Schmerz einen tiefen inneren Frieden und eine Dankbarkeit, dass wir durch all die Enttäuschungen gereift sind, dass unser eigentlicher Lebenstraum vom erfüllten Leben nicht zerbrochen ist. Unser Lebenstraum hat sich vielleicht anders erfüllt, als wir uns das vorgestellt haben. Aber wenn Sie jetzt im Einklang sind mit sich und miteinander, dann hat sich Ihr tiefster, gemeinsamer Lebenstraum erfüllt.

Bei aller Dankbarkeit für die vergangenen Jahre werden Sie auch den Blick in die Zukunft richten. Das, was Sie erwartet, haben Sie nicht in der Hand. Sie können es nicht planen. Sie wissen nicht, wie lange Sie noch gesund sind. Sie wissen nicht, wie viele Jahre Ihnen Gott noch schenkt. Sie wissen nicht, wer von Ihnen zuerst sterben wird. Es wird ein großer Schmerz sein, den anderen gehen zu lassen und dann allein zu sein. Sie haben die Zukunft nicht in der Hand. Aber Sie können Ihre Zukunft in Gottes Hand legen. Und dann müssen Sie sich um Ihre Zukunft nicht sorgen. Sie dürfen vertrauen, dass Gott alles so fügen wird, dass es für Sie zum Segen wird. Und Sie dürfen vertrauen, dass die Liebe nicht vergeht, selbst wenn der Partner im Tod vor Ihnen weggeht. Denn die Liebe ist stärker als der Tod. Gabriel Marcel, der französische Philosoph, sagte einmal: „Lieben, das heißt zum anderen sagen: Du, du wirst nicht sterben." So dürfen Sie vertrauen, dass die Liebe zwischen Ihnen nicht stirbt. Auch wenn der Tod Sie trennt – Sie werden sich wiedersehen. Und dann wird Ihre Liebe für immer vollendet sein.

Am 50. Hochzeitstag erinnern Sie sich an den Segen, den Sie in Ihrer Hochzeitsfeier erhalten haben. Inzwischen haben Sie als Vater oder Mutter, als Großvater oder Großmutter Ihre Kinder und Enkelkinder gesegnet. Sie haben die Hand auf ihren Kopf gelegt und mit dem Daumen ein Kreuz auf ihre Stirn gezeichnet. Jetzt, im Alter, warten Ihre Kinder und Enkelkinder darauf, von Ihnen gesegnet zu werden. Aber ganz gleich, ob Sie den Segen mit Worten und Gesten ausdrücken oder nicht: Sie selbst sind ein Segen für Ihre Kinder und Enkelkinder und für die Menschen in Ihrer Umgebung. Gott hat Sie gesegnet. Und als Gesegnete sind Sie selbst ein Segen für andere. Die Menschen, die Ihre Liebe sehen, die 50 Jahre lang gehalten hat, fühlen sich von Ihrer Liebe gesegnet. Sie spüren, dass Sie ein Segen sind für die Menschen, nicht durch das, was Sie leisten, sondern durch das, was Sie sind. Dass wir ein Segen sind, damit können wir nicht angeben. Sie können nur dankbar innehalten und sich bewusstmachen, dass Sie trotz aller menschlichen Begrenzungen, die Sie sicher an sich wahrnehmen, dennoch ein Segen für andere sind.

Sie haben vor 50 Jahren zueinander Ja gesagt. Und dieses Ja haben Sie durchgehalten, durch alle Zweifel und Anfechtungen hindurch. Dieses Ja hat anderen Menschen Mut gemacht, einander zu bejahen. Und es hat Ihnen die Kraft geschenkt, bedingungslos auch zu sich selbst Ja zu sagen, sich selbst anzunehmen. Weil Sie sich vom anderen bejaht fühlten, konnten Sie Ja zu sich sagen. Wenn Sie Zweifel an sich selbst hatten, hat die Annahme des Partners Sie dazu befähigt, sich selbst anzunehmen. Und in Ihrem gegenseitigen Ja haben Sie etwas davon erfahren, dass Gott uns in seinem Sohn Jesus Christus bedingungslos bejaht hat. Jesus Christus ist das Ja Gottes zu uns Menschen. Wir können nicht mehr aus dieser bedingungslosen Annahme des Menschen durch Gott in Jesus Christus herausfallen.

Sie waren einander 50 Jahre hindurch treu. Das deutsche Wort „Treue“ meint „Festigkeit“. Die Treue eines Menschen verleiht seinem Leben Festigkeit. Sie haben sich vor 50 Jahren getraut, einander die Treue zu versprechen. Das Wort „treu“ heißt ursprünglich „stark, fest wie ein Baum“. Wer sich traut, sich dem anderen anzuvertrauen, der hat die Hoffnung, dass die Treue, die daraus entsteht, ein fester Halt wird, an dem er sich anklammern kann, der ihm Sicherheit schenkt, auf den er sich verlassen kann. Genau wie ein Baum wächst und sich tief in die Erde einwurzelt, so muss auch das Vertrauen wachsen. Es ist noch nicht gleich zu Beginn da. Wer eine Trauung feiert, drückt damit aus, dass sein Vertrauen in den anderen und in den Segen Gottes stark genug ist, sich ein Leben lang an den anderen zu binden und dadurch Festigkeit und Sicherheit zu erlangen. Sie durften in diesen 50 Jahren erleben, dass die Treue Ihnen einen festen Grund bereitet hat, auf dem Sie gemeinsam stehen können.

Seit 50 Jahren tragen Sie Ihre Eheringe, die der Priester bei Ihrer Hochzeit gesegnet hat. Der kreisförmige Ring ist ein altes Symbol. Da der Ring rund ist, bedeutet er die Ganzheit des Menschen. Er will abrunden, was im Menschen unvollkommen ist. Der Kreis, der in sich selbst zurückführt, ist Symbol der Einheit und der Vollkommenheit. Da er ohne Ende ist, ist er auch ein Bild für die Ewigkeit. So liegt in den Eheringen die Hoffnung, dass die beiden Partner zu einer Einheit finden, die vollkommen macht, und dass ihre Liebe bis in die Ewigkeit hineinreiche. Der Ring ist auch ein Schutzzeichen gegen böse Mächte. Er soll die Eheleute vor den Gefährdungen der Liebe schützen. Die Ringe sind ein Symbol der Verbindung, der Treue und der Zugehörigkeit zu einer Gemeinschaft. Ihre gesegneten Ringe haben Sie während dieser 50 gemeinsamen Jahre immer wieder daran erinnert, dass Gott selbst Ihnen treu ist und mit Ihnen Ihren Weg geht.

Sie haben sich vor 50 Jahren im Gottesdienst in der Trauungsformel einander versprochen: „Vor Gottes Angesicht nehme ich dich an als meine Frau, als meinen Mann. Ich verspreche dir die Treue in guten und bösen Tagen, in Gesundheit und Krankheit, bis der Tod uns scheidet. Ich will dich lieben, achten und ehren alle Tage meines Lebens." Und Sie haben sich gegenseitig den Ring angesteckt mit den Worten: „Trag diesen Ring als Zeichen unsrer Liebe und Treue: Im Namen des Vaters und des Sohnes und des Heiligen Geistes." Sie haben in diesen 50 Jahren gute und böse Tage erlebt, Tage, die es gut mit Ihnen meinten, Festtage, an denen Sie lauter Freude hatten, aber auch Tage, die Ihnen böse vorkamen, Tage der Krankheit, Tage der Not, Tage des Unverstandenseins, Tage der Entfremdung. In all diesen Tagen haben Sie einander angenommen und die Treue erwiesen. Und Sie haben erfahren, dass die Liebe und Treue Sie durch all die Höhen und über all die Tiefen Ihres Lebens getragen und Ihnen einen festen Grund geschenkt haben, auf dem Sie nun ruhig und sicher stehen können.

19 · 78
16 98
6 · 7 · 8 · 9 · 10 · 11 · 12 · 1 · 2 · 3 · 4 · 5 · 6

Vor 50 Jahren hat der Priester bei der Hochzeit auch eine Hochzeitskerze gesegnet. Ich weiß nicht, ob Sie die Hochzeitskerze noch haben oder ob sie längst abgebrannt ist. Aber Sie haben in diesen Jahren sicher immer wieder gemeinsam Kerzen angezündet, Kerzen am Christbaum, die Osterkerze, die während der Osterzeit bei Ihnen war. Die Hochzeitskerze wollte Sie daran erinnern, dass die Liebe Gottes Sie erleuchtet und alle dunklen Wolken, die sich manchmal über Ihre Liebe legen wollten, weggescheucht hat. Und die Flamme der Kerze will Ihnen zeigen, dass die Wärme der göttlichen Liebe alle Kälte aus Ihrem Herzen vertreibt und Ihrer Liebe wieder die Glut des Anfangs schenkt, die Sie wärmt und füreinander öffnet. So wünsche ich Ihnen, dass Sie sich jetzt zur goldenen Hochzeit eine neue Kerze schenken lassen. Sagen Sie Ihren Verwandten, dass Sie Ihnen eine Kerze aussuchen sollen mit Symbolen, die Ihnen wichtig sind. Und dann zünden Sie diese Kerze an und vertrauen darauf, dass Gottes Liebe auch den Abend Ihres Lebens erhellen und erwärmen wird.

Manche Ehepaare haben bei der Hochzeit auch ein Kreuz für ihre gemeinsame Wohnung geschenkt bekommen. Auch da weiß ich nicht, ob Sie dieses Kreuz noch bei sich haben. Aber sehr wahrscheinlich haben Sie ein Kreuz in Ihrer Wohnung. Das Kreuz ist ein Schutzzeichen für unsere Liebe. Einmal zeigt das Kreuz, dass Christus uns bis zur Vollendung geliebt hat. Jesus sagt im Johannesevangelium: „Wenn ich über die Erde erhöht bin, werde ich alle zu mir ziehen.“ *(Joh 12,32)* Die Kreuzgebärde ist also eine Gebärde der Umarmung, eine Gebärde der Liebe. Jesus umarmt alles Gegensätzliche in uns mit seiner Liebe. So erinnert uns das Kreuz, dass Gottes Liebe alle Gegensätze in uns und zwischen uns miteinander verbindet. Das Kreuz ist Zeichen der Versöhnung. Alles, was in uns immer wieder auseinanderstrebt, was an Schuld zwischen uns steht, ist durch das Kreuz miteinander versöhnt worden. Das Kreuz ist die Verheißung, dass die Gegensätze uns nicht trennen, sondern dass sie uns miteinander verbinden in der Liebe Gottes, die alles in uns durchdringt.

Ich wünsche Ihnen einen gesegneten Festtag zu Ihrer goldenen Hochzeit. Feiern Sie diesen Tag so, wie Sie ihn sich erträumen. Sie haben sich getraut, einander in der Trauung anzuvertrauen. Trauen Sie sich auch, jetzt ein Fest Ihres Hochzeitsjubiläums zu feiern. Trauen Sie sich, Ihre eigenen Wünsche und Vorstellungen von diesem Fest zu verwirklichen. Und gönnen Sie sich, dass Sie von Ihren Kindern und Enkelkindern gefeiert werden. Sie werden bei der Feier spüren, dass die Feier nicht Ihnen allein gilt, sondern Gott, der Ihren Weg beschützt und begleitet hat. So können Sie voller Dankbarkeit feiern. Das Fest wird Ihnen Kraft verleihen, die Jahre, die Ihnen noch bleiben, in beständiger Dankbarkeit und Treue zu verbringen, im Wissen, dass Gottes Segen auch weiterhin über Ihrem Weg steht. So wünsche ich Ihnen, dass Gott Ihnen noch viele glückliche, zufriedene und dankbare Jahre schenkt, damit Sie noch lange ein Segen sein dürfen für die Menschen, die Ihnen begegnen.

DIE BIBEL

Das Hohelied der Liebe aus:

Die Bibel. Die Heilige Schrift des Alten und Neuen Bundes. Vollständige deutsche Ausgabe

www.herder.de

Innengestaltung und Reproduktion:
Atelier Lehmacher, Friedberg (Bay.)
Bilder des Innenteils: Rolf Blesch, Utting
Herstellung: fgb · freiburger graphische betriebe · www.fgb.de

Gedruckt auf umweltfreundlichem, chlorfrei gebleichtem Papier

Printed in Germany

ISBN 978-3-451-30326-5